Comme tsfezous les chats, Zoé esqst passée à l'è lkjqsdire numérique. Je ne parle pas de leur oqdqskjmniprésence sur les réseaux sociaux et cqskkjsur la toile, en un nombre impredqdssionnant de photos et de vidéos qui leur sont consacrées (ils ont dû pqsdlk repoundre le contrôle de nos cerveaux comme le chat extraterrestre des Débloks, la BD de Florence Cestac). Je parle d'autre chose.qsqd J'habite chdsksqkjlez une chatte noire et blanche, pourqsdqsd reprendre la focxxcvb,r-mule, à laquelle j'ai cédé mon jqsdssdardin et je partage mon bureau ££££££££££avec elle. Chacun l'a constaté, sitôt qu'il y kùkjqsune feuille de papier, le chasdqlkjsdqt s'y pose. Et des fesqsquilles, ce n'est ce qui manque danrttrts un bureau d'auteur. Mais tout ceux qui travaillent sqdsqur un ordinateur une pagfhgrtie de la journée, le chat numérique prend urtn plaisir à pattouner sur le clavier pendant qu'on y tapote. Ce qui ralentit le débit considérableghgh$$ment et finit pqsdqsdar énerrtyver les éditeurs à cagggge des délais non tenus (elle est pas belle ma m456564auvaise excuse ?).
Donc, s'il reste ici et là une fauyttrtte n'incriminez pas tout de suite les corrtrrecteurs et les éditeurs : c'est une trace de pcvyyatte de chat.

PETITE INTRO POUR SE METTRE EN PATTE

Correction :

Comme tous les chats, Zoé est passée à l'ère numérique. Je ne parle pas de leur omniprésence sur les réseaux sociaux et sur la toile, en un nombre impressionnant de photos et de vidéos qui leur sont consacrées (ils ont dû prendre le contrôle de nos cerveaux comme le chat extraterrestre des Débloks, la BD de Florence Cestac). Je parle d'autre chose. J'habite chez une chatte noir et blanc, pour reprendre la formule, à laquelle j'ai cédé mon jardin et je partage mon bureau avec elle. Chacun l'a constaté, sitôt qu'il y a une feuille de papier, le chat s'y pose. Et des feuilles, ce n'est pas ce qui manque dans un bureau d'auteur. Mais tous ceux qui travaillent sur un ordinateur une partie de la journée l'ont vérifié, le chat numérique prend un plaisir à pattouner sur le clavier pendant qu'on y tapote. (C'est pour la bonne cause, ce piétinement est accompagné d'une quantité de câlins, de frottements sur les mains, les avant-bras et de coups de boule poilue sur le torse.) Ce qui ralentit le débit considérablement et finit par énerver les éditeurs à cause des délais non tenus (elle est pas belle ma mauvaise excuse ?).
Donc, s'il reste une faute ici ou là, n'incriminez pas tout de suite les correcteurs et les éditeurs : c'est une trace de patte de chat.

PREMIERS PAS AU JARDIN

Tu te souviens du jour où tu es arrivée, Zoé ? Tu n'étais déjà plus un chaton mais un tout jeune chat, du coup je n'ai pas eu l'occasion de faire ton éducation. Ce qui explique bien des choses. Tu dis ? Miaou ? J'allais dire la même chose.

C'est parti pour la grande exploration !

Si votre complicité démarre dès les premières semaines de votre chaton, laissez-le au calme dans la maison, le plus possible, jusqu'à deux mois. Regardez-le prendre ses repères, explorer ce qui sera son environnement. Pour qu'il s'acclimate à l'extérieur, faites de brèves incursions avec lui, en lui parlant pour que le son de votre voix le rassure par son caractère familier. Faites des sorties de 10 minutes environ, toujours juste avant l'heure des repas : ainsi s'il s'aventure trop loin, il reviendra toujours vers son écuelle. Par précaution, commencez les sorties lorsque le chaton est vacciné.

La propreté

L'avantage d'un chat qui jouit d'un jardin, c'est la propreté dont vous aurez peu à vous soucier. Du moins lorsqu'il vivra à l'extérieur. Il se débrouillera tout seul, enterrera ses besoins, un vieux réflexe pour supprimer toute trace repérable par un éventuel prédateur, et vous n'aurez plus qu'à faire un nettoyage occasionnel dans son « pétoulier ». Mais en attendant, vous devez éduquer votre chaton.

À l'inverse du chien, le chat ne se dresse pas. Il s'éduque au cours d'un long *modus vivendi* consenti avec (par ?) l'homme. Le seul fait d'élever la voix suffit à vous faire comprendre, surtout ne le tapez jamais ! Le chat est naturellement propre, même à l'intérieur de la maison à condition de laisser à disposition une litière régulièrement nettoyée. Il ne sort de ce carré de propreté qu'en cas de problème, s'il est stressé ou malade.

Juste après un repas, amenez le chaton dans sa litière, grattez le gravier avec ses pattes avant (une seule fois suffit, le chat apprend très vite, c'est surprenant). Dans quelques mois, lorsqu'il ira au jardin, l'apprentissage sera inutile, son instinct reprend tout de suite le dessus.

La vaccination

> **Bon anniversaire**
> Tous les ans, votre vétérinaire vous adresse une jolie carte postale pour vous rappeler de faire l'injection et assurer la continuité de la protection de votre chat. N'y voyez pas une démarche mercantile. On pourrait rêver d'un tel sérieux pour la santé humaine : ne taxez pas votre médecin référent de laxisme, l'Ordre des médecins lui interdit de le faire.

La vaccination est le seul dispositif pour protéger votre chat d'un certain nombre de maladies infectieuses. En premier lieu la leucose, appelée aussi le sida des chats, le coryza, le typhus, la chlamydiose et la rage. La première injection a lieu à l'âge de 7 à 8 semaines, la seconde un mois plus tard, puis les rappels sont annuels à la date anniversaire. Un carnet de vaccination et de santé accompagne l'animal pendant toute sa vie, on l'exigera si vous comptez voyager avec lui. À cette occasion, d'autres vaccins peuvent être demandés selon les pays de destination.

Le tatouage et la puce électronique

Le suivi d'un animal de compagnie est une obligation, en l'occurrence pour les chats de plus de 7 mois, nés après janvier 2012. C'est surtout un atout de plus pour le retrouver en cas de perte, les affiches régulières d'avis de recherche placardées ici ou là, et qui nous crèvent le cœur, rappellent que c'est hélas très courant. Le tatouage, souvent mal lisible à l'intérieur de l'oreille de l'animal, est en voie de disparition au profit de la puce électronique. Elle a la taille d'un grain de riz et son injection sous la peau est indolore, elle se fait sous sédation légère pour calmer l'animal. Votre chat a désormais un numéro personnel, enregistré dans un grand fichier national. Le changement d'adresse ou de propriétaire (vous n'allez pas faire ça, tout de même ?) doit être renseigné immédiatement auprès de l'i-cad (Identification des carnivores domestiques tél. 0810 778 778 ou www.i-cad.fr).

La stérilisation

Un chat non stérilisé, c'est beaucoup de problèmes. Fugues et bagarres violentes pendant les périodes de chaleur, risques d'affections hormonales chez les femelles, avec développement de tumeurs, d'infections… La stérilisation lutte par ailleurs contre la prolifération des chats. Car un chat, c'est merveilleux, mais cinq de plus d'un coup, c'est pénible à vivre. Contrairement à une des nombreuses idées reçues à propos des chats, il n'est pas nécessaire pour une femelle d'avoir eu une portée avant sa stérilisation.

La liberté, enfin…

Vacciné, identifié, éduqué, stérilisé, votre chat peut enfin vivre sa vie en semi-liberté, avec tous les avantages plus un, celui d'être nourri, soigné et choyé. En avant pour la conquête du jardin.

La libération de l'homme par la chatière

Les propriétaires de chat vous le diront, ils sont tous réduits au rôle de portier pour leur chat. À peine sorti par la porte, le chat n'a plus qu'une envie, rentrer par la fenêtre, sitôt passée la baie vitrée, il guigne la porte d'entrée. C'est sans fin. Dans ce domaine, la chatière représente la libération de l'homme, que n'a-t-on pas encore eu l'idée de récompenser son inventeur d'un prix Nobel de la paix domestique ?
Pour ma part, je n'ai toujours pas succombé au dispositif pour ne pas abîmer mon épaisse porte d'entrée plus que centenaire, mais sachez que la chatière se place sur une porte, une vitre et même au travers d'un mur.
Et si vous tenez à l'intégrité de votre logement, vous pouvez en équiper une porte de garage ou une cabane à outils.
Le prix est très abordable, du moins pour les modèles classiques en PVC blanc.
Toutefois, vous pouvez monter en gamme en choisissant une finition plus soignée, en couleur ou en bois assorti à celui de votre porte.

Les différentes chatières

• La **chatière manuelle** est la plus simple, c'est un battant de bois ou de plastique qui laisse passer le chat (prévoir une ouverture de 20 cm de côté pour un matou courant, et 25 cm pour une race plus imposante).

• La **chatière magnétique** permet uniquement le passage de votre chat ; elle fonctionne avec une clé électromagnétique collée sur son collier, s'il le supporte.

• La **chatière électronique** est destinée au chat 2.0 : elle reconnaît la puce électronique qu'il a sous sa peau et qui déclenche l'ouverture. Quant à son maître, il peut aussi commander la chatière avec son smartphone.

MON CHAT ET LES PLANTES

On m'avait prévenu du caractère casanier des chats, mais là, Zoé, tu exagères un peu, non ? Pour t'inciter à sortir dans le jardin, je t'ai concocté un assortiment de plantes auxquelles tu ne pourras pas résister. Et pour les jours où tu persistes à ne pas sortir, il y en a aussi à l'intérieur.

DES PLANTES POUR LE PLAISIR DE MON CHAT

UN PETIT TOUR AU JARDIN

La germandrée des chats

Teucrium marum
Famille des Lamiacées

C'est une essence originaire des régions méditerranéennes, à ce titre elle est très résistante à la chaleur et à la sécheresse, voilà une très bonne plante pour les jardins secs qui ne réclame aucun entretien.

Cet arbrisseau de 20 à 50 cm de hauteur et autant de largeur pousse en coussinet argenté de petites feuilles persistantes. En début d'été, et jusqu'en septembre, il se couvre de nombreuses petites fleurs qui hésitent entre le rose, le mauve, le pourpre et le blanc ivoire. Un regard distrait pourrait le faire passer pour un thym. S'il subsiste un doute, il suffit de froisser son feuillage : il s'en dégage une odeur caractéristique.

C'est précisément ce parfum âcre qui évoque le moisi, déplaisant pour le jardinier, qui plaît au chat. Comme la véritable herbe à chat, ou nepeta (voir le chapitre suivant sur les plantes purgatives), il renferme un terpène, proche de la népétalactone de l'herbe à chat, qui déclenche des confusions chez le chat et entraîne un comportement sexuel. Par ailleurs, cette odeur désagréable est répulsive pour les insectes mais pas pour les espèces butineuses.

Mode de culture

La germandrée des chats est très bien adaptée à la sécheresse, aux terres pauvres et caillouteuses et supporte bien les embruns et la pollution. Donnez-lui le plein soleil, à la rigueur une ombre légère, et un sol bien drainé, car la seule chose qu'elle redoute c'est l'excès d'eau. Plantez en massifs, en bordures, en couvre-sol, en pots sur le balcon.

Pour la santé des maîtres
Accessoirement, c'est une plante médicinale utilisée depuis des siècles pour dégager les bronches, traiter les sinusites, les rhinites, mais aussi les démangeaisons et les prurits. On la trouve sous forme homéopathique.

L'achillée filipendule syn. achillée à feuille de fougère

Achillea filipendulina
Famille des Astéracées

Originaire du sud-ouest de l'Asie, c'est une plante robuste et habituée aux conditions de vie rudes de la Turquie, de l'Afghanistan, du Kazakhstan… Jamais malade, se contentant de peu, vous n'aurez aucun mal à la cultiver.

Elle pousse en touffe légère de 30 cm à près de 2 m, ses feuilles sont finement découpées, ce qui lui vaut son autre nom. Le feuillage est persistant ou caduc, selon les climats, mais la plante est vivace par ses rhizomes. La floraison jaune vieil or se fait en bouquets denses entre juin et octobre.

Lorsque l'on froisse le feuillage, il se dégage une odeur qui rappelle un peu l'odeur de l'eau de Javel, dont on sait que les matous sont amateurs. On ne sait d'ailleurs pas ce qui plaît aux félins dans ce désinfectant, peut-être que l'odeur de chlore indique des vertus antiparasitaires, mais ce n'est pas sûr. La plante est amère au goût, et de toute façon pas toxique pour les chats.

Mode de culture

Donnez le plein soleil à l'achillée à feuilles de fougère, à la rigueur une ombre légère, mais son port sera plus lâche et sa floraison moindre (c'est dommage si vous comptiez faire des bouquets secs). Elle préfère un sol léger, voire caillouteux. Quelques sélections horticoles ont été retenues pour la densité de leurs inflorescences, comme *Cloth of Gold, Coronation Gold, Gold Plate, Parker's Variety*… une fois en place au jardin, l'achillée se ressème toute seule et s'étend par ses rhizomes.

État civil

La plante doit son nom à Achille, le héros de la mythologie grecque, qui aurait découvert ses propriétés médicinales pour soigner une blessure causée par une flèche empoisonnée. Dans des cas bien moins graves, pour ce qui nous concerne, ses feuilles ont des propriétés cicatrisantes (son autre nom est l'herbe aux coupures) et sont préconisées en cas de saignements de nez et de troubles digestifs.

La valériane

Valeriana officinalis
Famille des Caprifoliacées

De tous temps, la valériane était connue pour ses vertus apaisantes, on sait depuis que les composés contenus dans ses racines apportent le calme et la sérénité. Ça marche aussi sur les chats, chez qui ça peut être également tout le contraire : elle agit alors comme un excitant.

La valériane est une plante herbacée vivace par son puissant rhizome d'où partent d'épaisses racines. La touffe pousse entre 40 cm et 2 m, ses tiges sont creuses et portent des feuilles composées d'un nombre variable de folioles. De mai à août, les petites fleurs blanc rosé sont réunies en corymbes. Chez le chat, les préparations à base de racine de valériane ont un effet sédatif, calmant, anxiolytique : les vétérinaires l'administrent en traitement allopathique. Mais lorsque le chat sent la plante au lieu de l'ingérer, l'effet est inverse, il devient euphorique et excité. Dès lors, on peut glisser un peu de plante sèche dans une peluche ou un jouet pour faire jouer son animal, ou en saupoudrer sur un griffoir pour l'inciter à l'utiliser ou encore en déposer un peu dans un nouveau sac de transport pour l'inciter à y entrer. Seule la moitié des chats, environ, sont réceptifs à la valériane.

Mode de culture

Choisissez une exposition sous une ombre légère de préférence ; dans le sud, évitez le plein soleil brûlant. Plantez dans un sol riche, une bonne terre de jardin bien drainée, et une fois par an, en automne, apportez quelques poignées de compost. Maintenez le sol tout juste humide, mais en permanence. Ne confondez pas la plante avec la fausse valériane (*Centranthus ruber*) qui a des besoins opposés.

En prendre et en laisser

Depuis l'Antiquité, la valériane fait partie de ces plantes médicinales créditées d'un nombre d'effets bénéfiques impressionnant. Elle était préconisée pendant les deux guerres mondiales pour soigner les traumatismes des soldats, et durant les siècles passés elle entrait dans la composition de philtres d'amour et associée à la magie blanche. Désormais, on en fait de plus sages tisanes aux vertus calmantes.

Le matatabi

Actinidia polygama
Famille des Actinidiacées

Le matatabi, en version originale, est une liane proche voisine du kiwi. Il est originaire des régions montagneuses de la Chine et du Japon. Outre le plaisir qu'il apporte au chat de la maison, c'est aussi une plante décorative pour le jardin, et dans les régions clémentes, un fruitier à découvrir.

La vigne argentée, comme on la nomme aussi, pousse jusqu'à 5 à 6 m. Elle est décorative par ses grandes feuilles vert foncé teinté de blanc argenté, et constitue un très bon couvert

pour une pergola par exemple. En été, elle porte de nombreuses petites fleurs simples, blanches, qui évoluent pour donner un fruit qui ressemble au kiwi, mais plus allongé et à chair jaune orangé.

Ses feuilles contiennent de l'actinidine, une substance dont l'effet est plus intense et plus durable que la népétalactone de l'herbe à chat et de la dihydroactinidiolide, un stimulant. Elle a un effet sédatif, utilisé dans certains zoos asiatiques, mais à plus forte dose elle est psychoactive et le chat peut montrer des signes de chasse, il court, fait des bonds, salive et se roule par terre comme les femelles en chaleur. Cet effet est passager, tout au plus une demi-heure, et comme pour toutes les plantes excitantes, la réponse est d'ordre génétique, de sorte qu'environ 30 % des chats sont insensibles à la plante.

Mode de culture

Les plants sont peu proposés dans le commerce, par contre on trouve plus facilement des graines. Faites un semis au chaud (la germination se fait en 2 à 3 semaines) pour planter les jeunes plants en mai. Par contre, comme l'espèce est dioïque (c'est-à-dire que les sexes sont portés par des plantes différentes), on ne peut pas prévoir la proportion de chaque sexe issu du semis.

Le matatabi en bâton

Toutes les parties de la plante sont efficaces et au Japon on trouve des jouets pour chat où sont placés des fragments du végétal. Dans nos pays, le matatabi est commercialisé sous la forme de bâton à mâchonner.

Le trèfle d'eau

Menyanthes trifoliata
Famille des Menyanthacées

Le chat et l'eau ne font pas forcément bon ménage, sauf lorsque les rives sont plantées de trèfle d'eau, encore appelé trèfle de castor. Sa floraison printanière est pour le plaisir des yeux du jardinier.

C'est une plante vivace poussant naturellement en Europe dans les sols acides et tourbeux, au bord des plans d'eau où il peut former de grands peuplements. Sur sa souche traçante et rhizomateuse poussent des tiges émergées de quelques dizaines de centimètres à 1 m. Les feuilles sont composées de trois folioles, comme chez la plupart des trèfles. En avril-mai, sur les tiges rasantes à la surface de l'eau naissent des grappes terminales de petites fleurs rose pâle. On observe souvent une seconde floraison en automne.

On ne sait pas ce qui attire les chats dans cette plante, par ailleurs utilisée dans la santé humaine pour combattre les fièvres, mais ça marche. On trouve dans le commerce des sachets et toutes sortes de « doudous » pour chats remplis de feuilles séchées pour amuser les matous.

Mode de culture

C'est du côté des plantes pour bassin que vous trouverez des plants de trèfle d'eau. Comme toutes les plantes aquatiques et semi-aquatiques, il réclame seulement une plantation (au printemps ou en automne), en plein soleil, de préférence sur les berges pour que le chat puisse en profiter pleinement. Par la suite, l'entretien est nul. Et si la plante prolifère, vous aurez seulement à l'éclaircir (et à la récupérer pour la replanter plus loin).

Trèfle amer
La récolte des feuilles se fait en mai, au moment où elles offrent une grande concentration en ményanthine, un composé si amer qu'il peut même provoquer des vomissements, et qui confère à cette plante médicinale ses propriétés dépuratives.

POUR LES BALCONS ET LES INTÉRIEURS

Quantité de plantes peuvent être cultivées en pot, à placer sur les balcons et les terrasses aux beaux jours ou maintenues à l'intérieur pour les chats d'appartement. Et dans les régions les plus douces à tempérées, elles peuvent être plantées au jardin.

Le beaucarnéa

Beaucarnea recurvata, Nolina recurvata
Famille des Asparagacées

Le plus nul des jardiniers débutants ne peut pas rater « la culture » du pied d'éléphant. Vous allez pouvoir frimer devant votre chat.

Pendant les premières années de sa vie, le beaucarnéa se présente sous la forme d'une boule plus ou moins patatoïde portant de longues feuilles rubanées retombantes et étroites. Au fil des ans, puis des décennies, cette tige renflée s'allonge mais reste très évasée à complètement avachie à sa base. Chez les très vieux sujets, à la fin de la septième vie du chat, elle finit par donner un faux tronc à l'écorce crevassée.

Le chat de la maison apprécie de grignoter l'extrémité sèche des feuilles pour varier son régime vomitif. Les feuilles sont coupantes et coriaces, le chat les mâche pour se débarrasser des restes de débris alimentaires, la plante est une sorte de brosse à dents végétale. Et lorsque la base renflée du beaucarnéa est suffisamment développée, il aime y faire ses griffes.

Mode de culture

RIEN ! Dans les jardins des climats doux, on peut planter le nolina à l'extérieur ; dans tout le reste du pays, il faut le cultiver à l'intérieur. Il peut se passer d'eau pendant des semaines, vivant sur les réserves de sa tige, et il faut vraiment laisser passer des mois pour la voir légèrement se flétrir. L'extrémité des feuilles est naturellement sèche, il ne faut surtout pas la couper. Rempoter seulement tous les 3 ou 4 ans.

Sus aux cochenilles
Cultivé comme plante d'appartement ou de véranda, le beaucarnéa est seulement exposé aux cochenilles farineuses ou cotonneuses, sous la forme de petits amas blancs au cœur. Traitez avec un anticochenille bio à base d'huile végétale.

La citronnelle vraie

Cymbopogon citratus
Famille des Poacées

Une graminée avec un parfum exotique et une saveur citronnée, pensez donc, le chat ne peut que succomber à l'appel du dépaysement. Un petit goût de tropique pour le matou.

On parle ici de la vraie citronnelle et non de la verveine citronnelle utilisée pour les infusions. C'est une plante herbacée, vivace par ses rhizomes, poussant en grande touffe dense de 1 à 2 m de hauteur. Les feuilles persistantes sont linéaires, engainantes, à bords rugueux et coupants, vert pâle, variant entre le bleuté et le légèrement doré. Les tiges sont creuses à la base. Toute la plante est très aromatique par sa forte teneur en citronellol.

Comme beaucoup de graminées, le chat aime grignoter les feuilles de la citronnelle pour se purger. Pas folle, car elles sont très coupantes, ma chatte s'est toujours contentée de mâcher les jeunes feuilles et principalement leurs extrémités encore plus tendres que le reste du limbe.

Mode de culture

La citronnelle est une fille du soleil, elle a de gros besoins en chaleur et apprécie une exposition bien dégagée. En premier lieu, elle n'est pas du tout rustique au froid, sa culture est réservée aux jardins bénis des zones où les températures négatives restent exceptionnelles (pour ne pas dire inconnues) comme en Corse ou dans certaines parties de la Côte d'Azur, sur le littoral ou dans la région de Menton, par exemple. Dans les climats tempérés, elle doit être protégée ou rentrée en hiver en situation hors-gel, entre

5 et 7 °C de manière idéale. C'est donc la culture en pot qui s'impose.
Bien que résistante à la chaleur, c'est dans une ambiance humide, ou au moins dans un sol frais, qu'elle prospère. L'entretien se résume à quelques arrosages et à un rempotage tous les ans pour les sujets en pot.

La citronnelle passe à table
La citronnelle donne leur caractère à bien des plats des cuisines indienne, thaïe, vietnamienne, indonésienne et africaine. Seule la partie basale des pousses est consommée, des tronçons sont ciselés dans la partie tendre, c'est-à-dire dans les premiers 6 à 7 cm.
Il est recommandé de couper des morceaux assez gros pour pouvoir les ôter après la cuisson, car ils ne sont pas consommés.

Le papyrus zumula

Cyperus papyrus « Zumula »
Famille des Cypéracées

Votre chat est sans doute peu pointilleux et pas choqué lorsque vous parlez de papyrus au lieu de cyperus, mais on se comprend c'est l'essentiel. Ce qui l'intéresse, c'est ce drôle de papyrus, donc, fait pour lui.

On le pressent, les feuilles de la grande touffe de papyrus plantée au jardin, de préférence au bord de l'eau ou totalement immergée, ont tout pour attirer les chats. Elles sont coriaces et très fibreuses, deux qualités indépassables pour nos félins préférés. Mais voilà, elles sont placées au sommet de hautes tiges dressées et sont inaccessibles. Il y a bien ce papyrus nain, c'est déjà un gros progrès, il y a mieux avec le zumula.

C'est une plante poussant en touffe ramassée de feuilles rubanées et recourbées vers le bas. Avec ses 20 à 30 cm de hauteur, elle est à portée de babine. Originaire des zones marécageuses d'Afrique, elle est destinée aux pièces d'eau, comme tous les papyrus et cyperus, mais elle s'accommode parfaitement de la culture en pot pour l'intérieur.

Mode de culture

On trouve désormais très facilement des plantes en pot en jardinerie, inutile de vous lancer dans le lent et fastidieux semis. Les seuls soins sont un rempotage annuel au printemps, et des apports espacés d'engrais bio pour plantes d'intérieur. La plante doit baigner en permanence dans un fond d'eau placée dans une soucoupe. Ne vous attendez pas à voir votre plante au sommet de sa forme en permanence, car le chat en est friand.

Diviser pour mieux régaler

Toujours plus de plaisir pour le chat grâce à la multiplication par division de touffe. Elle est très simple, il est préférable d'opérer en début de printemps.

GRAMINÉES POUR GROS MINETS (ET LES PETITS AUSSI)

À ce stade de lecture, vous avez compris que toutes les graminées sont bonnes à mâcher. Voici une petite sélection d'espèces qui sont également décoratives. Vérifiez seulement les feuillages fins et étroits, comme ceux des fétuques et des pennisetums, ils sont souvent coupants et à éviter. Question culture, elles ont toutes les mêmes besoins. Achetez tout de suite des sujets en pot, de 17 cm de diamètre au moins et jusqu'à 3 litres, pour un effet immédiat. Un arrosage par-ci par-là est suffisant. Lorsque la végétation est vraiment moche, coupez tout au ras, la plante redémarre toujours au printemps. Attention, moche ne veut pas dire sec : ne vous passez pas des belles inflorescences séchées qui contribuent à la décoration de l'automne et de l'hiver. Au moment du rempotage, ou lorsque les touffes sont importantes, multipliez-les simplement par division de touffe.

Carex

Les carex, ou laîches, sont destinés aux lieux frais, les rives, les bords de pièces d'eau, les jardins humides. Pour les laisser à portée du chat, choisissez les variétés à petit développement, entre 20 et 40 cm.

Les feuillages panachés sont les plus beaux, choisissez *Carex conica* « Snowline », vert foncé marginé de blanc (hauteur 20 cm), *Carex morrowii* « Variegata », à feuillage vert bordé de banc (hauteur 30-40 cm). Et pour votre chaton ou si votre animal vit prostré, donnez-lui à grignoter *Carex oshimensis* « Evergold », à feuilles vertes traversées dans leur longueur d'une bande blanc crème (hauteur 15 cm).

Calamagrostis

Ce ne sont pas les plus décoratifs, mais leur croissance est très rapide, surtout au printemps à la reprise de la végétation. Plantés en plein soleil, de préférence à la mi-ombre, ils poussent droits comme des « I ». Plantes *Calamagrostis acutiflora* « Overdam », pour son feuillage finement rayé de blanc argenté, nuancé de rose au printemps (hauteur 70 cm à 1 m) ou *Calamagrostis acutiflora* « Karl Foerster » aux feuilles vert frais au printemps, pour un effet tout en brun à l'automne (hauteur 1 m et plus).

Phalaris

Parmi les plus beaux, les plus décoratifs et les plus lumineux pour le jardin. Leur avantage est leur caractère colonisateur et leur robustesse qui leur donnent l'avantage de la vitesse sur le chat : ils poussent plus vite que le chat les grignote. Tous ont une hauteur comprise entre 40 cm et 1,25 m. Les variétés horticoles sont moins coriaces que la forme naturelle qui abonde dans les milieux humides de tout le pays.

Plantez *Phalaris arundinacea* « Picta », ou ruban de bergère, pour ses belles feuilles aux larges bandes blanches laissant seulement un liseré de vert, *Phalaris arundinacea* « Luteopicta », au panachage jaune lumineux, surtout en été, et encore *Phalaris arundinacea* « Strawberries and Cream », panachée de blanc crème et de rose.

Leymus

Le blé d'azur est représenté par une seule espèce, *Leymus arenarius*. C'est une plante haute de 80 cm mais qui s'étend largement. Une sorte de très beau chiendent. Ses feuilles sont larges, coriaces, rigides et terminées par une pointe d'un bleu soutenu, très variable d'une plante à l'autre. Achetez des plantes déjà bien développées pour choisir « votre » bleu.

Miscanthus

Le genre est très vaste, leur hauteur varie de 40 cm à plus de 2 m. Un des plus originaux est *Miscanthus sinensis* « Strictus » pour ses panachures jaunes transversales. Essayez-le même s'il fait partie des plus grands, il y a des chances qu'il n'atteigne pas sa hauteur théorique : je n'ai jamais pu le faire pousser dans un environnement de chats, il est brouté en permanence. Plantez *Miscanthus sinensis* « Variegatus », il rappelle un phalaris avec son feuillage panaché de crème ou encore *Miscanthus sinensis* « Purpurescens » dont le feuillage vire au pourpre dès l'été.

MANGER POUR VOMIR, QUEL PROGRAMME !

Enfin, Zoé, je retrouve tes belles plages de pelage d'un blanc lumineux sans égal. Après des jours passés à faire des roulades dans la terre du jardin, ça fait du bien. Je tenais à t'en féliciter. Mais les nombreux léchages pour arriver à ce résultat ont leur revers qui m'a fait anticiper en semant cette belle barquette d'herbe à chat bien fraîche. Mais laisse-moi t'expliquer.

On pourra dire ce qu'on veut sur les chats, ils ont une qualité qui l'emporte sur celles des autres animaux domestiques : ils sont propres. Même leurs détracteurs doivent le reconnaître. Mais à force de se lécher à longueur de journée avec leur langue râpeuse, ils avalent de grandes quantités de poils. Pour les régurgiter sous forme de boulettes, ils doivent se purger, ce qu'ils font dans la nature en mangeant de l'herbe. Mais voilà, pour les chats élevés en appartements, il est indispensable de leur apporter de la bonne herbe bien fraîche à domicile, c'est à cela que sert l'herbe à chat, qui est la plupart du temps de l'orge, celle que les maîtres avalent sous forme de bière, mais c'est un autre sujet.

Le mode de culture est simplissime. Franchement si vous le ratez, même votre chat va se moquer ! À tout moment de l'année, semez les graines d'orge à touche-touche à la surface du terreau ou de la tourbe ou simplement de la vermiculite ou de la perlite.

Arrosez pour bien imbiber, videz l'excédent d'eau et veillez une fois par jour à maintenir cette fraîcheur. Placez au chaud dans la maison. Lorsque les petites pointes vertes apparaissent (en quelques jours seulement), déplacez dans un lieu très lumineux pour obtenir une herbe basse et bien dense. Inutile de présenter l'herbe au matou de la maison, il la trouvera facilement.

La vermiculite

L'herbe à chat des barquettes du commerce est souvent produite sur de la vermiculite. C'est une roche extraite principalement en Afrique du Sud. Vous la trouverez quelquefois dans le rayon animalerie des jardineries, car elle sert aussi à la ponte des reptiles.

- Elle possède une texture légère et aérée, qui favorise la production de belles racines.
- Elle peut retenir et restituer l'eau de manière progressive.
- Elle permet les échanges cationiques, c'est-à-dire d'éléments minéraux nutritifs.
- Son pH est neutre à légèrement basique.
- Elle offre une bonne stabilité thermique, c'est par ailleurs un isolant utilisé dans les constructions.
- Elle est stérile, non toxique, sans odeur, légère et facile à manipuler. Idéale pour produire l'herbe pour le matou de la maison, en place du terreau salissant.

LA CATAIRE, LA VÉRITABLE HERBE À CHAT

Non mais tu as vu, qu'est-ce qui lui prend à Fifi ? Il se roule dans l'herbe, il saute, il a de l'écume aux lèvres ? Pas de panique, il est drogué. Mais c'est légal. Ça te fait envie ? D'accord, promis, je vais planter de la cataire pour te faire plaisir.

La véritable herbe à chat, ou cataire, contient de la népétalactone, un terpène connu pour déclencher la production de phéromones sexuelles, pas étonnant que le matou de la maison soit en plein trip. Pour le nez d'un félin, le parfum de cette plante aromatique rappelle celle de l'urine, associée aux rituels amoureux des chats. D'autres félins y sont réceptifs, comme le tigre, mais pas de danger d'en voir débouler un dans votre jardin du Loiret. Ou alors un cirque ambulant…

Les chats mangent ses feuilles pour se purger et se faire vomir afin d'éliminer les boules de poils ingérés lors des nombreuses toilettes, mais la plante exerce surtout un pouvoir attractif qui les transporte. Sachez que seulement 30 % des chats y sont réceptifs (c'est génétique), les autres ignorent la plante.

Cataire

Nepeta cataria
Famille des Lamiacées
Synonymes : herbe-aux-chats, chataire, menthe aux chats…
Origine : Europe, Asie, Afrique du Nord
Cycle : vivace

Plante herbacée, vivace par ses tiges rampantes, légèrement enterrées. Elles portent de nombreux bourgeons qui donnent naissance à autant de tiges hautes de 10 à 30 cm. La plante fleurie peut dépasser 1 m. Feuilles ovales entières, velues et nettement nervurées, dentées, d'un vert légèrement glauque. Floraison, en été et automne, en petites grappes de fleurs blanches à lilas, tachetées de rouge, disposées le long des tiges.

La cataire au jardin

Le semis est possible, en cherchant bien vous trouverez des semences, mais le résultat est un peu long pour obtenir des plants bien développés. Si le cœur vous en dit, semez clair en février-mars en enterrant peu les graines, arrosez en pluie fine. Lorsque les plants ont quatre feuilles, éclaircissez pour en conserver un seul tous les 10 cm. Élevez en godet puis rempotez. Il est plus facile de planter des plants en godet, un tous les 20 cm, à exposition ensoleillée.

La cataire sur votre balcon

Rempotez un plant en godet dans un pot de 25 cm de diamètre, dans un terreau riche. Placez en plein soleil et assurez des arrosages réguliers entre mars et septembre. Cette espèce est suffisamment rustique pour passer l'hiver dehors (-15 °C). En fin d'automne ou en tout début de printemps, taillez ras à la manière d'une menthe pour voir repartir la plante. Apportez par la même occasion un peu d'engrais organique. Lorsque la plante sera bien développée, à partir de la fin de la deuxième année, multipliez-la par division de touffe, une fois encore comme pour la menthe.

Nepeta rampant

Nepeta x faassenii

C'est une forme rampante aromatique qui donne de larges couvre-sol. Elle est particulièrement conseillée pour les sols pauvres, pierreux et secs. Couramment, vous trouverez la variété « Six Hill Giant ».

LA CATAIRE POUR LES MAÎTRES

Faites infuser une cuillerée à café de feuilles pour une tasse d'eau bouillie pendant 10 à 15 minutes. Buvez 1 à 3 tasses par jour pour calmer la toux, soigner le rhume, ou atténuer les problèmes digestifs.

En rinçage, utilisez cette infusion pour soigner le cuir chevelu. En cataplasme, utilisez l'infusion ou les feuilles et fleurs broyées et infusées sur les coups, les contusions et les bleus.

Évitez l'emploi d'huile essentielle de cataire, préconisée pour soigner les bronchites, elle est irritante en cas de mauvaise utilisation. Préférez celle de citronnelle ou d'eucalyptus citronné.

La cataire médecin

Au Moyen Âge, on l'utilisait pour provoquer la transpiration et ainsi soigner les grippes, les rhumes, les maladies nerveuses et les fièvres de toutes sortes (pas des chats, de leurs maîtres !). On sait qu'elle facilite la digestion, le traitement des coliques et les maux de ventre, elle soulage les irritations du cuir chevelu et calme les bleus et les coups. Alors que la cataire énerve les matous, chez l'homme elle a l'effet inverse, elle est sédative. Par ailleurs, des études récentes ont montré que la népétalactone, contenue dans la plante, a des propriétés insectifuges, elle fait fuir les moustiques.

LES PLANTES TOXIQUES

Je sais bien, si j'avais pu prévoir que tu viendrais un jour, je n'aurais pas planté certains végétaux. Mais maintenant qu'ils sont là, il faut faire avec. Ou plutôt sans. Bon, Zoé, je t'ai préparé des fiches pour reconnaître les plantes à ne surtout pas manger, écoute bien.

Dédramatisons

De nombreuses plantes sont toxiques, quelquefois par simple contact, mais le plus souvent par ingestion. Et pour que les troubles surviennent, il faut en ingérer des quantités certaines, si on écarte certains poisons végétaux foudroyants. De nombreuses sont irritantes, piquantes et les chats les fuient d'eux-mêmes. Ils évitent aussi celles dont le goût est amer, désagréable : les chats ont le palais délicat, de plus ils aiment assez peu les changements dans leurs habitudes alimentaires. Et pour finir, ils les vomissent sitôt ingérées. Ceci pour dire que les cas d'intoxication sont rares chez les chats (et les chevaux aussi, qui ont les mêmes comportements, si vous êtes partant pour un pur-sang de réforme dans votre F2). Par contre, les chats d'appartement sont les plus exposés, simplement car ils s'ennuient plus et s'adonnent plus souvent aux mâchouillements et aux léchages des plantes d'intérieur. Au jardin, s'il se roule dans des plantes photosensibilisantes, le chat de la maison peu s'intoxiquer en faisant sa toilette.

Les plantes d'intérieur

Voici une liste non exhaustive de plantes d'intérieur à éviter :

Le danger dans la cuisine
On s'en doute peu, mais quelques plantes utilisées en cuisine sont néfastes pour le chat si elles sont ingérées en quantité significative : ail, oignon, échalote, avocat, agrumes, chou, fèves et haricots crus, pépins de pomme, piment, poireau, rhubarbe, tomate verte (pas mûre), amandes d'abricot, de pêche... persil.

Le dieffenbachia : le seul fait de le mâchonner provoque une inflammation ou un oedème de la cavité buccale, des aphtes, un symptôme d'hypersalivation. Après ingestion, il entraîne des vomissements et une difficulté à avaler.

Le ficus : tous les ficus d'intérieur sont toxiques, notamment par leur latex irritant. Ils provoquent vomissements, diarrhées, hypersalivation. Attention au contact avec les muqueuses, et l'œil en particulier. À éviter pour les chats souffrant d'insuffisance rénale (les vieux chats presque toujours).

Le dracéna : (*Dracaena draco* en particulier) les saponines qu'il contient provoquent des vomissements possiblement hémorragiques, une apathie, une perte d'appétit et une hypersalivation.

Le yucca (*elephantipes*) : toutes les parties de la plante sont toxiques, les troubles les moins sévères se traduisent par des vomissements, des troubles digestifs, mais les plus graves peuvent déboucher sur une paralysie, voire un coma.

L'aloès vrai : toxique par l'aloïne qu'il contient provoquant des vomissements et une coloration rouge des urines. Utilisé par l'homme comme cicatrisant, chez le chat (et le chien), il peut entraîner des irritations cutanées parfois douloureuses.

Et aussi : le chlorophytum (troubles des reins, parfois mortels), le philodendron (atteinte rénale et digestive), le *Monstera deliciosa* (feuilles irritantes provoquant des oedèmes et des dermites), l'euphorbe de Noël ou poinsettia au latex irritant (troubles cutanés, buccaux ou oculaires), le cyclamen (troubles du rythme cardiaque, état de choc et, dans les cas les plus graves, le décès). Et une fois par an, le muguet : toutes les parties de la plante dont les fleurs sont toxiques (vomissements, convulsions et hypersalivation).

Un œil sur les bouquets
Surveillez en particulier les chatons, plus fragiles, qui ne doivent pas laper l'eau stagnante des vases. L'asparagus des fleuristes, qui revient dans les compositions fleuries comme feuillage d'ornement, fait partie des plantes toxiques.

Les plantes du jardin

Et voici une autre liste de plantes d'extérieur, pas plus exhaustive que la précédente.

Le lierre : si ses nombreuses baies noires sont un régal pour les oiseaux, elles sont toxiques pour les chats (et les chiens), chez qui elles provoquent des troubles digestifs et respiratoires. Heureusement elles sont souvent en hauteur, mais exposées aux chats grimpeurs.

Le laurier-rose : ingérée, sa sève est un poison violent pour tous les animaux à sang chaud, homme inclus. Ce n'est pas pour rien qu'on le nomme aussi le tue-l'âne. Troubles respiratoires, cardiaques et nerveux allant jusqu'à la mort par asphyxie, le tableau est inquiétant. Il concerne aussi le laurier-cerise utilisé pour dresser des haies.

L'*Alocasia macrorrhiza* (oreilles d'éléphant) : c'est le plus souvent une plante d'intérieur, mais dans les jardins de climats doux on le plante en massif et près des pièces d'eau. Il contient un composé toxique voisin de celui du dieffenbachia, et entraîne les mêmes réactions : aphtes, salivation excessive, difficultés à avaler et vomissements.

Le rhododendron (et l'azalée qui est un rhododendron sur le plan botanique) : au contact de sa sève, le chat et les autres animaux domestiques peuvent être pris de troubles digestifs, d'irritations, de problèmes musculaires ou cardiaques.

Le lys : en bouquet dans la maison ou en massifs de bulbeuses au jardin, les lys sont toxiques. Une grande fatigue, des vomissements, une perte d'appétit soudaine, difficulté à avaler sont les premiers symptômes.

Le jasmin : sa sève, par simple contact, entraîne des troubles digestifs et parfois neuromusculaires, une hypersalivation.

Et aussi... l'aconit (troubles respiratoires), le buis (troubles digestifs, neurologiques, paralysie respiratoire), la chélidoine (troubles neurologiques), la ciguë (excitation suivie d'apathie, troubles respiratoires), la colchique (avec 2 à 48 heures de latence !), le datura et le brugmansia (troubles digestifs et neurologiques), le genévrier (irritation des muqueuses, troubles digestifs), l'hellébore (troubles digestifs), l'hortensia (asphyxie jusqu'à la mort), l'if (troubles neurologiques), l'iris (troubles neurologiques), la jonquille (troubles digestifs), le thuya (atteinte du foie et des reins), le tabac de Virginie (troubles respiratoires et digestifs, jusqu'au coma)...

Mieux vaut prévenir...

• La première consigne est de bien connaître votre chat. En étant suffisamment proche de lui, vous décèlerez facilement et rapidement un changement de comportement qui doit alerter. Cela vaut, bien sûr, pour toutes les affections et maladies qu'il peut développer.

• La deuxième consigne de bon sens est de tenir hors de portée les plantes toxiques ou suspectes, c'est facile à faire à l'intérieur de la maison en les plaçant en hauteur, par exemple. C'est plus délicat, voire impossible, au jardin.

• Pour les plantes impossibles à déménager (en pleine terre ou dans de lourdes potées), recourez aux répulsifs, avec modération : il faut tout de même que le chat se sente chez lui. Recettes maison (marc de café, écorces d'agrumes, huile de piment tabasco, vinaigre, boules de naphtaline...) ou solutions du commerce, tout est bon à tester.

• À l'intérieur, pour dissuader le chat de mâchouiller n'importe quelle plante, mettez de l'herbe à chat à disposition en permanence. De la même façon, veillez à la régularité des traitements vermifuges : c'est toujours car il en a le besoin que le matou se purge lui-même.

• Au jardin, adoptez une série de bons réflexes : lavez-vous les mains après avoir jardiné avant de caresser votre chat, conservez les bulbes, les fruits et les graines hors de portée de l'animal, évitez de le laisser paresser sous une haie fraîchement taillée qui exsude résine ou sève toxique.

• Si vous habitez en dehors des villes, identifiez les plantes sauvages environnantes pour déceler d'éventuelles espèces dangereuses.

... Et s'il faut guérir

Un changement de comportement ou des symptômes clairs comme des vomissements, ne perdez pas de temps, prévenez votre vétérinaire. Si vous suspectez une plante, cueillez un morceau de tige feuillée ou fleurie qui pourra servir, éventuellement, à orienter son diagnostic. À moins que vous ne connaissiez déjà le nom de la plante. Ne donnez pas à boire ou à manger à votre chat, n'essayez pas de le faire vomir, ne lui donnez pas de lait.
En cas de troubles légers ou classiques, le vétérinaire pourra administrer un vomitif ou un antidote d'urgence et garder votre chat en observation pendant 24 heures.

À côté du numéro de téléphone de votre vétérinaire, ayez aussi celui des centres anti-poison pour les cas graves ou si vous avez une difficulté pour avoir un vétérinaire de garde.

Renseignez-vous en fonction de votre lieu d'habitation sur leurs horaires d'ouverture.

À titre d'exemple, voici les coordonnées des plus grands centres antipoison :

- CNITV Alfort : 01 48 93 13 00
(de 9 heures à 17 heures)
- CNITV Lyon : 04 78 87 10 40
(ouvert 7j/7 et 24h/24)
- CNITV Toulouse : 05 61 19 39 40
(de 9 heures à 17 heures)
- CNITV Nantes : 02 40 68 77 40
(ouvert 7j/7 et 24h/24)

et ceux de la plateforme téléphonique, ouverte 7j/7 et 24h/24 au +33 (0)4 78 87 10 40

Le CNITV (Centre national d'informations toxicologiques vétérinaires) est une association à but non lucratif régie par la loi du 4 juillet 1901, créée par le professeur Guy Lorgue en 1976.

Les signes qui doivent alerter
Les premiers symptômes parmi les moins dangereux sont des irritations buccales et des troubles digestifs.
À forte dose, les composés toxiques entraînent un effet semblable à ceux provoqués par le curare : tremblements musculaires, paralysie, manque de coordination, prostration et une toxicité cardiaque avec ralentissement du cœur, troubles du rythme.

LE BIEN-ÊTRE DE MON CHAT

Zoé, secoue-toi les puces que tu n'as pas, sors de ce canapé et suis-moi au jardin, on va aborder dans le détail tout ce qui peut te faire plaisir. Après, et seulement si tu m'écoutes attentivement, je verrais pour ces nouvelles croquettes sur lesquelles tu tords la truffe !

LE CHAT ET
LE FROID HIVERNAL

Précision au poil
Contrairement à une des nombreuses idées reçues, lorsqu'on est allergique au chat, on ne l'est pas à ses poils mais à la protéine Fel d 1 présente sur la peau, dans la salive, l'urine et sur les poils du chat.

Un chat peut rester dehors en hiver grâce à son poil qui le protège. L'évolution du pelage est soumise à de nombreux facteurs, on ne se lancera pas dans un long exposé sur le sujet. Chacun a pu observer au moins les deux mues annuelles des chats vivant à l'extérieur. Au printemps apparaît le pelage d'été, moins dense, et en automne naît le pelage d'hiver plus dense. Par ailleurs, chez les chats d'intérieur, une mue importante peut être observée sous l'effet d'une lumière artificielle.

Le pelage des chats est adapté au grand froid, c'est surtout son sous-poil qui le protège, un ensemble de poils périphériques plus courts que les poils primaires qui constituent la fourrure. Ceci pour dire que vous pouvez éviter l'erreur que je fais en permanence, due à ma trop grande sensiblerie : celle de faire le portier pendant toutes les longues journées d'hiver, le chat peut rester dehors, au moins dans la journée.

La production d'un sous-poil abondant est une adaptation au froid qui apparaît tôt dès le départ, elle est réversible seulement si le chat adopte un mode de vie à l'intérieur de la maison, de manière quasi permanente.

Aussi, vous devez choisir une option ou l'autre et tâcher de vous y tenir pendant la saison froide.

Les chats passant une grande partie de l'hiver à l'extérieur doivent tout de même avoir accès à un abri sommaire, un cabanon, une niche, un garage, pour se protéger de l'humidité et du vent, bien plus néfastes que le froid sec. Aménagez un petit espace sur une palette de récupération, avec un vieux matelas dans un endroit abrité des courants d'air. J'entends déjà vos exclamations : « Mais mon chat, je le garde au chaud dans la maison ! » Sans doute, mais pensez à tous les chats semi-errants que vous nourrissez le reste du temps. Vous ne pouvez pas tous les accueillir chez vous, mais vous pouvez faire un petit geste pour eux.

Si votre chat passe une bonne partie de la journée dehors, veillez à son régime alimentaire : il doit être plus énergétique et plus riche en graisse pendant les mois d'hiver. Malgré le froid, le chat (surtout les vieux) boit autant en hiver, l'eau doit être disponible et ne pas geler.

Un manteau pour les chats ?
« Je préfère les chats aux chiens car il n'y a pas de chat policier », disait un esprit éclairé. J'ajoute que je préfère les chats aux chiens car ils ne se laissent pas affubler de ridicules petits manteaux en hiver. N'y pensez pas !
Dans les régions très froides, on conseille quelquefois d'enduire leurs coussinets avec des produits riches en graisse pour une meilleure isolation de la neige, du froid, du verglas. Je pense que votre chat aura de lui-même le réflexe de se percher quelque part.

LE CHAT ET L'EAU

« Quand le baromètre se passe
la patte derrière l'oreille,
c'est que le chat est à la pluie. »
Léo Campion.

Lorsque mon chat passe sa patte derrière l'oreille, je sais qu'il va pleuvoir le lendemain, surtout lorsqu'on est tous les deux assis dans le canapé à regarder le bulletin météo à la télévision. Plus sérieusement, si le chat passe sa patte derrière l'oreille, c'est pour nettoyer l'un des endroits inaccessibles de son corps. Mais il y a un fond de vérité dans cette croyance tenace : le chat est sensible aux modifications de l'humidité relative et surtout à l'électricité statique présente dans l'air, dont il se débarrasse en passant sa patte. Électricité statique qui accompagne un épisode orageux.

Il a beau être au courant le premier, vient le moment où la pluie tombe. Pas d'inquiétude, si le poil se mouille en surface, la peau reste sèche car l'eau glisse sur la fourrure. Toutefois, comme pour la protection contre le froid, envisagez des abris et des positions de repli pour les fois où les précipitations sont importantes, ce qui devient de plus en plus courant en automne et en hiver.

Les petites pluies ne changent pas les habitudes de déambulations de votre chat, pas plus que la présence de flaques d'eau : sauf s'il les juge trop profondes, il ne les évitera pas et ne changera pas son trajet habituel.

Le chat n'aime pas l'eau, rien de plus faux ! Le comportement vis-à-vis de l'élément liquide varie beaucoup d'un individu à l'autre. En été, par forte chaleur, il est conseillé de rafraîchir le chat, au minimum en passant un gant de toilette d'eau sur tout le pelage. Et là, je peux témoigner que Si Câline adorait ça, Zoé déteste !

Les chats qui aiment l'eau peuvent aussi patauger dans les flaques et s'adonner à la baignade. Le seul danger pour les plus téméraires est la piscine. Tombé accidentellement, le chat peut s'en extirper d'un violent mouvement de torsion du corps ou regagner le bord en nageant. Mais il est plus prudent de lui en éviter l'accès, comme on le fait pour les enfants par la pose de barrière d'accès (qui est d'ailleurs obligatoire, en théorie).

Un apprentissage précoce

La répulsion comme l'attirance pour l'eau sont viscérales pour le chat, comme sa capacité innée à nager. Aussi, si vous décidez de voir votre chat faire bon ménage avec l'eau, vous devez faire son apprentissage lorsqu'il est chaton, en le baignant dans un peu d'eau tiède (surtout pas froide) dans un récipient dont le fond n'est pas lisse et à faible profondeur, tout juste pour mouiller le bas des pattes.

LE CHAT ET LA SIESTE

Le chat, animal paradoxal
Les moustaches frémissent, la queue bouge, les pattes font de petits soubresauts : pas de doute, votre chat est en plein sommeil paradoxal, celui où il rêve. C'est encore plus fréquent chez le chaton. Sachez que le chat est l'animal qui présente le plus souvent ces phases de sommeil. Il va très bien, chut, ne le dérangez pas et ne faites pas de bruit brusque.

Somnolence, sommeil profond et siestes constituent l'essentiel de la journée d'un chat. Ces 16 heures passées laissent le reste du jour pour se laver, manger, jouer et jouir de sa vie de contemplatif. Avouez qu'on le jalouse un peu, nous qui ne pouvons pas nous empêcher de nous agiter plus que de raison. Laissons de côté cette jalousie malvenue pour favoriser ses longs moments de repos.

Observez un rayon de soleil dans le jardin : au bout il y a votre chat. Il a le chic pour dénicher les meilleurs endroits, les plus confortables. À vous de les multiplier. Laissez quelques plages claires, mais plantez aussi de petits bosquets pour ménager des lieux frais, à l'ombre pour les journées d'été trop chaudes.

En été, dans le jardin, laissez de petites friches, même si elles sont un peu moches. Les grandes herbes sèches sont des endroits où vivent de gros insectes et des lézards, autant de jouets intéressants. Ils offrent aussi la possibilité de s'y cacher, à l'abri du regard des autres chats : Zoé fait « son nid » au milieu des touffes de bambous de petit développement, complètement secs. Et comme je suis aux petits soins, lors des mois les plus chauds de l'été, je les arrose le soir pour que mon chat profite de la fraîcheur le lendemain matin. (Quand je vous dis que c'est une bonne maison !)

LE CHAT, CE CURIEUX DE NATURE

Les quelques heures de la journée où le chat est éveillé et disposé à s'agiter, il les passe à jouer mais plus encore à chasser. Le chat est un fouineur, un curieux, intrigué par le moindre bruit, le plus petit mouvement. Quant aux bestioles de rencontre, leur traque peut l'occuper des heures durant.

- Pour lui offrir le plus possible de sollicitations, multipliez les recoins. D'abord par des plantations denses et touffues, par l'abandon d'un tas de bois, d'un tas de déchets végétaux.
- Favorisez tous les petits déplacements, par exemple en laissant un espace libre de 20 cm de largeur derrière le composteur ou la cabane à outils.
- Placez des caisses, des grosses bûches, de gros objets, autant de « podiums » sur lesquels le chat pourra sauter.
- Placez les graines pour les petits oiseaux hors de portée de votre chat, il ne faudrait pas qu'ils fassent les frais de sa chasse. Il passera du temps à les convoiter, je sais c'est très frustrant.
- Suspendez tout ce qui peut faire office de mobile à faible hauteur, dans les arbustes et les arbres.
- Votre chat ferme les yeux, ses moustaches vibrent et il hume le léger courant d'air ? Il est très sensible aux odeurs. En dehors des plantes qui lui sont directement destinées (voir page 16), plantez des espèces odorantes, des aromatiques, des plantes à parfum.

LE PAILLAGE, DES BIENFAITS INATTENDUS

Le paillage, tous les pratiquants du jardinage biologique connaissent. Il consiste à déposer une couche de débris végétaux à la surface de la terre. Cette pratique a de multiples avantages, celui de retenir l'eau et de limiter ainsi les arrosages, d'apporter une protection contre le froid par l'épaisse couche isolante qu'il représente, d'empêcher la levée des herbes indésirables et aussi de favoriser la pullulation des petits animaux et d'entretenir la fertilité du sol. Enfin, pailler, ça revient un peu à poser une moquette : le sol est ainsi protégé des vents, des fortes pluies, des rayons brûlants du soleil…
Pour ses deux premiers avantages, on a l'habitude de pailler à deux périodes de l'année, à l'entrée de l'été et à l'approche de l'hiver.
Les matériaux utilisables pour un paillis sont nombreux et la liste n'est pas limitative : la paille sèche, les paillettes de lin, les écorces d'arbres, de conifères mais de préférence de feuillus, les feuilles mortes, les tontes de gazon, le compost 1/2 mûr ou mûr, non tamisé, le broyat des déchets du jardin. C'est surtout lorsque j'ai senti la bonne odeur de chocolat qui se dégageait de Zoé que j'ai compris qu'elle passait du temps sur le paillage en déchets de fèves de cacao que j'avais un temps utilisé. Du coup, je l'ai observée et j'ai revu mon assortiment de matériau en conséquence.

Le paillage répulsif
Certains matériaux utilisés pour le paillage ont, au contraire, un effet répulsif à l'encontre des chats. C'est le cas des débris d'ardoise, aux éclats coupants pour les coussinets des chats.

Le paillage et mon chat

L'été, j'utilise de préférence des matériaux pailleux car ils retiennent davantage l'eau. En arrosant la veille, j'obtiens un tapis de fraîcheur pour les longues siestes du lendemain de mon chat. Tapis que je prends soin de déposer à l'ombre des arbustes, bien entendu.

L'hiver, je préfère les tronçons de bois obtenus par la taille des arbustes. Ils ont l'avantage d'emmagasiner la chaleur et de donner une couche tiède pour le repos du chat. Le paillage est étalé, cette fois, en plein soleil, vous l'aurez déjà compris.
Quel que soit le matériau utilisé, le paillage épais est source d'un autre plaisir : le grattage. Je ne sais pas si c'est un hasard, mais mon chat n'a jamais fait ses besoins dans le paillis, comme s'il distinguait de lui-même la zone dévolue à son repos de celle plus fonctionnelle de toilettes sèches.
J'évite d'utiliser les feuilles mortes, les tontes de jardin, les débris divers trop finement broyés, la sciure, le compost, car tous ces matériaux ont tendance à s'imbiber d'eau et en pourrissant ils salissent le pelage de mon chat.

Par extension, on peut considérer comme paillage la pose d'un matériau décoratif inerte. Il remplira les mêmes fonctions qu'un paillage traditionnel, à la différence près qu'il ne se décompose pas. Tous retiennent la chaleur, il faut donc les préconiser pour l'hiver. Attention à bien éviter les constituants trop agressifs ou coupants.

MON CHAT SORT SES GRIFFES

Jette un œil à ça, Zoé, ce qu'on propose à la vente. Ils ont le culot d'appeler ces montages biscornus des « arbres à chat ». Tu sais bien la chance d'être tombée dans notre maison : moi je te propose de vrais arbres dans le jardin, avec du vrai bois, bien vivant pour tes griffes. Et arrête de griffer ce fauteuil quand je te parle !

Le chat fait ses griffes

On est tous familier de cette curieuse formulation, car le chat ne fait pas ses griffes, elles se font toutes seules, bien entendu. Mais on sait tous de quoi on parle, beaucoup moins à quoi ça correspond dans la vie du chat. Contrairement à une idée reçue, le chat ne fait pas ça pour user ses griffes ou pour faire tomber les anciennes (ce que je pensais en trouvant régulièrement des griffes plantées dans l'écorce de mon tilleul), c'est une des multiples façons pour marquer son territoire. En effet, il possède de petites glandes entre ses coussinets et à l'occasion du griffage il dépose sa signature chargée de phéromones. Ce marquage est renforcé par le bruit et le signal visuel envoyés aux autres chats, j'ai pu le vérifier en abritant un temps deux chats dans la maison : c'était une frénésie de grattage et de griffage, un vrai carnage !

C'est joli une griffe de chat
La griffe de chat (c'est bien plus facile à dire que *Macfadyena unguis-cati* ou *Doxantha unguis-cati*) est une grande liane de plus de 10 m, formée de nombreuses tiges grêles portant un feuillage persistant à semi-persistant, voire caduc en cas de grand froid. Ses feuilles sont composées de deux grandes folioles larges et allongées, munies d'une longue vrille terminée par trois crochets acérés rappelant des griffes de chat qui permettent à la plante de s'accrocher sur son support. L'intérêt de cette bignoniacée originaire du Mexique et d'Argentine, ce sont ses nombreuses fleurs jaune éclatant couvrant toute la végétation, en forme de grande trompette aplatie. En mai-juin, celle qui chapeaute mon bureau illumine tout le toit. Rusticité – 5 °C.

Quand ça devient une sale manie

Passée cette nécessité de marquage, le chat poursuit ses griffages par habitude, c'est aussi un moment pour s'étirer et se limer l'extrémité des griffes. Cette sale manie du point de vue du propriétaire est impossible à faire disparaître. On ne va pas s'énerver à faire le décompte des dégâts à l'intérieur de la maison, essayons plutôt de canaliser le chat à l'extérieur, pour ceux qui ont la chance d'avoir un jardin.

Un griffoir bien vivant

Entre les gros arbustes et les arbres, le chat de jardin ne sait pas où donner de la griffe. Toutes les écorces sont bonnes à griffer, le choix de l'essence doit davantage répondre aux contraintes du propriétaire. Toutefois, choisissez un arbre qui peut servir aussi de refuge à votre chat. Les grands arbres, hauts, au sommet inaccessible (c'est le cas de mon grand tilleul) ne lui permettent pas de grimper. Les arbres de petit développement, à la charpente évasée, offrent un refuge, un point de guet et d'observation au matou (c'est le cas de mon figuier). Par ailleurs, les essences peu développées répondent parfaitement au peu de place accordée par les petits jardins, ce qui devient la norme. Les essences à feuillage caduc ont ma préférence, l'été elles dispensent une ombre bienvenue et l'hiver elles laissent passer la lumière. Et puis, la petite corvée de ramassage des feuilles est bien peu contraignante. Le choix entre grands arbustes et arbres à petit développement est large, voici une toute petite sélection parmi les arbres qui ont fait leurs preuves pour les petits jardins.

Mûrier platane « Fruitless »

Le mûrier a longtemps été un arbre d'ombrage, mais dans ce rôle on lui préfère le mûrier platane, *Morus platanifolia* ou *M. kagayamae*, venu du Japon et depuis très utilisé dans les jardins pour le large parasol de verdure qu'il offre. Le seul inconvénient notoire était la production de mûres, qui prenaient un malin plaisir à venir s'écraser sur les salons de jardin. Un défaut écarté depuis plus d'une trentaine d'années, avec la variété « Fruitless », réputée stérile. Plus précisément, elle donne de petits fruits, mais ils tombent avant d'arriver à maturité. C'est devenu la variété de référence, mais il vaut mieux vous en assurer lors de vos achats.

Arbre à soie « Ombrella »

L'albizzia, *Albizia julibrissin* (2 « z » pour le nom commun, un seul pour le nom latin) ou acacia de Constantinople est un petit arbre caduc de 5 à 6 m, dont la couronne est aussi large et donne une silhouette aplatie à la plante. Ses grandes feuilles composées de nombreuses petites folioles dispensent une ombre tamisée, légère et agréable. En été, l'arbre fleurit en une multitude de petites houppettes dressées, de couleur rose carminé qui ajoutent au charme de l'arbre. Placé en plein soleil dans un sol riche et frais, l'albizzia pousse rapidement. Préférez la variété « Ombrella » au houppier beaucoup plus étalé.

Cerisier du Japon

Tout le monde connaît le rendez-vous fixé aux Japonais par la floraison des magnifiques cerisiers. Le cerisier du Japon, *Prunus serrulata,* et ses nombreuses variétés est de ceux-là. C'est un petit arbre de 3 à 4 m en Europe, au port érigé et à la cime aplatie. Certaines variétés ont une silhouette plus souple à pleureuse.

L'intérêt réside dans la floraison blanche à rosée, en fleurs simples, doubles ou très doubles. Elles sont précédées par des boutons floraux roses, décoratifs, et en automne, les feuilles jaune-orangé ajoutent à la beauté de l'arbre. « Accolade », « Kanzan », « Amanogawa », « Royal Burgundy »... Ils sont tous beaux.

Arbre de Judée

Le gainier, *Cercis siliquastrum*, est un petit arbre peu vigoureux, de 4 à 6 m de hauteur, au tronc irrégulier, penché, ramifié et tortueux. Ses feuilles sont caduques, bronze lorsqu'elles sont jeunes, puis d'un vert aux reflets légèrement bleuâtres, entières, cordiformes, longuement pétiolées. La floraison a lieu début mars-avril, sur les rameaux encore nus. Ses petites fleurs papilionacées sont réunies en grappes pendantes de 4 à 10, rose vif à pourpre. En été, fructification en gousses plates, brunes, restant sur l'arbre bien après la chute des feuilles. Elles renferment de petites graines brunes à noires faciles à faire germer. La variété « Album » a une floraison blanche.

Catalpa boule

Préférez le catalpa boule, *Catalpa bignonioides* « Bungei » au catalpa commun. C'est un arbre au houppier arrondi pendant les années de la jeunesse de l'arbre, qui prend une forme en parasol avec le temps. Rustique, résistant à la pollution des villes, il donne une ombre dense grâce à ses grandes feuilles arrondies à cordiformes. Il demande un sol profond, même de nature calcaire.

Une séance de manucure (ou patticure ?)
Si vous hésitez à le faire vous-même, profitez d'une visite chez le vétérinaire pour lui demander de couper l'extrémité des griffes de votre chat. C'est bien entendu totalement indolore.

MON CHAT, CE JOUEUR

Le jeu tient une grande place dans l'activité du chat. Il est d'abord indispensable à la vie et l'éducation du chaton, mais à l'âge adulte le chat conserve l'envie de jouer et le jardin est le meilleur des terrains de jeux qu'on puisse imaginer. Le jeu est l'occasion de vous rapprocher de votre chat, vous pouvez jouer à deux avec tout et n'importe quoi et avec les nombreux jouets pensés pour les chats. Mais votre matou peut aussi jouer tout seul, cela dépend des moments.

Les jeux pour chats sont innombrables et reposent tous sur les mêmes sollicitations. Ce petit tour d'horizon ludique doit vous donner des idées pour en fabriquer certains, très facilement, et éviter ainsi de contribuer à la fabrication de jouets en plastique, en provenance de la lointaine Asie, et livrés chez nous par conteneurs entiers. C'est d'autant plus important que le chat se lasse assez rapidement de son jouet et qu'il en réclame toujours de nouveaux, ce qui explique en partie l'importance de ce marché.

En fin de compte, le jeu le plus simple reste la souris inerte, en tissu ou en feutrine, elle semble traverser le temps, dans un état toujours un peu plus délabré. Les jouets les plus prisés sont ceux basés sur le mouvement : les systèmes inspirés du métronome dont le balancier est terminé par une plume, les mobiles à suspendre, le parcours en tubes dans lequel se déplace une fausse souris (ça l'énerve plus qu'autre chose) et pour les chats férus de technique, le rayon laser qui dispense de manière aléatoire un point lumineux mobile sur le sol. Viennent ensuite les jouets basés sur le bruit, essentiellement des grelots, ou ceux intégrant l'alimentation. Une boule contenant quelques croquettes qui se libèrent par une ouverture au fur et à mesure de sa course, les doudous remplis de plantes séchées que les chats adorent (cataire, valériane…). On vend même des petites balles parfumées au saumon ou au thon !

Si vous tenez vraiment à acheter des jouets manufacturés à votre chat, sachez que les fournitures respectueuses de l'environnement concernent aussi votre animal. Objets dépourvus de substances toxiques, caoutchouc éthique, coton bio : les jouets naturels sont nombreux. Mais insistons sur le jardin et ses sources inépuisables d'intérêt. Le chat pourra choisir ce qui l'intéresse, quand ça l'intéresse, les sauterelles, les lézards, les cigales, sont là pour ça (c'est cruel, je sais), comme un robinet qui goutte.

Copiez les jouets manufacturés pour les fabriquer vous-même avec des matériaux trouvés dans le jardin ou la maison, tissus, morceaux de bois, bouchons de liège, plumes, ficelles… Fabriquez une simple canne à pêche et baladez une plume sous le museau de votre chat, c'est un des meilleurs jouets. Assemblez de petits mobiles à accrocher aux branches basses des arbustes, à portée de l'animal. Fabriquez une toupie. Laissez libre cours à votre créativité.

LA SÉCURITÉ DE MON CHAT

On s'est sorti du chapitre sur les plantes toxiques sans encombre, mais tu vois, Zoé, il y a encore des dangers au jardin et dans ses abords. Bon si tu es raisonnable, tu dois les éviter facilement. Mais quand je te vois amener un petit rat (et le dévorer, quelle horreur !), je ne suis pas vraiment tranquille.

LES POISONS AU JARDIN

Les anti-limaces

Adieu le métaldéhyde

Entre les escargots, les limaces, les loches et le jardinier, c'est une très ancienne histoire de désamour. Il faut bien reconnaître que ces prédateurs causent de gros dégâts chez les végétaux.
Le moyen de les éradiquer le plus foudroyant jusqu'à présent était l'épandage de ces granulés de couleur bleue, tout le monde en a vu dans les appentis de jardin. Ils sont interdits depuis janvier 2019 pour renfermer un poison violent pour les animaux de compagnie et la faune sauvage (le hérisson s'empoisonne en consommant des mollusques intoxiqués) et même pour les enfants et l'homme adulte. Il s'agit de métaldéhyde qui servait aussi autrefois pour allumer les réchauds de camping (les fameuses plaquettes Meta).

Les escargots se cachent pour mourir

Depuis 2004 existe une alternative, le Ferramol, un appât de concentré de phosphate de fer utilisable en agriculture biologique, conformément à l'annexe II B du règlement européen 2092/91 modifié. Le fait de le présenter également sous la forme de granulés de couleur bleue (plus claire) entretient une certaine confusion. Le mode d'action est différent, alors que le métaldéhyde laissait des amas de coquilles d'escargots foudroyés, le Ferramol agit plus lentement : déshydratés, les escargots ne peuvent plus produire leur mucus et vont mourir plus loin.

Pour nos amis véganes

Ces affreuses nouvelles pour les véganes doivent inciter à utiliser d'autres modes de lutte en vigueur dans le jardinage biologique, barrières de cendre, de sciure, de tessons de terre cuite ou de verre pilé pour faire obstacle aux gastéropodes.

Les raticides

Le rat est un grand nettoyeur de déchets (c'est son seul côté utile à l'homme), mais un grand dévoreur. On sait tous que la lutte contre les rongeurs est aussi ancienne que l'histoire de l'humanité. Les raticides actuels ou rodonticides, encore appelés « mort aux rats », sont pour la plupart des anticoagulants anti-vitamine K. En empêchant cette vitamine d'agir dans le cycle de la coagulation, ils provoquent des hémorragies, différées car ils sont stockés dans le foie et les reins du rongeur pendant plusieurs semaines. Et par le jeu de la chaîne alimentaire, un chat ayant croqué un rongeur contaminé peut être intoxiqué de la même manière (on parle de toxicité secondaire ou toxicité relais). Parmi toutes les intoxications chez nos animaux de compagnie, celle causée par les anticoagulants arrive en tête chez les chiens et en 2e position chez les chats.

Les signes d'alerte

Entre 2 et 12 jours après l'ingestion, on note un syndrome hémorragique diffus. D'abord, le chat montre une baisse d'appétit, une faiblesse générale, puis des saignements de nez, des selles et des urines rouges ou noires, des saignements internes des articulations qui se traduisent par des boitements, de la toux, une difficulté à respirer, voire des convulsions. Direction le vétérinaire, dès les premiers doutes. Heureusement, il existe un antidote, tout simplement de la vitamine K en injection, efficace à condition de réagir à temps, puis en comprimés pendant plusieurs semaines.

Les insecticides

On doit se méfier de tous les produits utilisés au jardin et dans la maison et préférer toujours des solutions biologiques, même si beaucoup sont moins efficaces que les terribles molécules de l'industrie chimique. Car le danger arrive souvent de manière détournée.

Au jardin de l'amateur, tous les produits chimiques sont bannis, leur détention est même interdite. Faites le grand tri et direction la déchetterie.

Dans la maison, encore trop de problèmes sont traités par des molécules chimiques de synthèse. Le 7 mai 2019, l'ANSES (Agence nationale de sécurité sanitaire) a mis en garde les propriétaires de chat en leur indiquant de ne plus utiliser de produits vétérinaires contenant de la perméthrine. On la trouve dans les traitements contre les puces et les tiques, mais les expositions accidentelles sont bien plus variées : le produit est utilisé dans les insecticides pour lutter contre les fourmis, les moustiques et les mouches, mais aussi dans des produits d'entretien et de bricolage, comme le traitement des parquets... Si vous suspectez une exposition accidentelle, lavez votre chat à l'eau tiède additionnée de savon noir ou de liquide vaisselle bio avant la visite chez le vétérinaire.

C'est devenu un réflexe de jardinier biologique, on a remplacé tous les anciens produits par des insecticides à base de pyrèthre et de pyréthrinoïde (extrait des chrysanthèmes). Mais il faut insister sur le fait que tout ce qui est naturel n'est pas sans danger. Et les chats sont très sensibles à ces deux substances. La dose mortelle de pyréthrinoïde est de 0,5 à 5 g par kg de poids vif.

C'est pas pour les chats !
Les colliers antipuces et les sprays contenant des pyréthrinoïdes destinés aux chiens ne doivent pas être utilisés sur les chats. Ce mauvais usage est à l'origine de la majorité des empoisonnements chez les chats.

L'antigel

Le chat est un habitué des garages et des automobiles garées à l'extérieur. Les jeunes chats des rues, notamment, apprécient en hiver de se réfugier sur les roues avant, près du moteur pour profiter de sa chaleur.
Et dans les garages, et sous les automobiles, on trouve de l'antigel dans les liquides de refroidissement et de lave-glace.

La plupart sont à base d'éthylène glycol utilisé également dans les conduites de chauffage et de climatisation et dans diverses formulations de produits de nettoyage à la maison. L'antigel se présente sous la forme d'un liquide sirupeux à visqueux à la saveur sucrée. Le problème est suffisamment grave pour que les fabricants ajoutent désormais de plus en plus fréquemment des additifs amers pour décourager les animaux de compagnie et les enfants.

Lors d'une intoxication, le pronostic dépend de la dose ingérée : pour un chat de corpulence moyenne, de 5 à 6 kg, une quantité de seulement 7 ml est mortelle. Souvent, les chats se contentent de lécher le liquide qui goutte sous le moteur de la voiture. Les signes d'intoxication surviennent entre 30 minutes et 3 heures et peuvent évoluer sur une semaine. Les principaux symptômes qui doivent vous alerter sont des vomissements, des troubles nerveux (convulsions, ébriété, coma), cardio-respiratoires et urinaires, révélés notamment par une nette augmentation de la soif, de la production d'urine et des signes de déshydratation. Direction le vétérinaire, sans tarder. Le pronostic, par contre, est toujours réservé, car l'insuffisance rénale est irréversible.

SÉCURISER UN BALCON

Bouche tes oreilles avec tes coussinets, Zoé, le chapitre qui suit est inquiétant. Bien que, en tant que maître responsable, je devrais te mettre au courant des dangers, je pense que tu ne comprendrais pas tout.

Pour l'avoir connue par deux fois avec les chats de copains, tombés d'un balcon depuis plusieurs étages d'un immeuble, je peux dire que l'expérience est marquante. Renseignements pris, il semble que l'accident est bien plus courant qu'on ne le pense, les Américains et les Canadiens parlent même de « high-rise syndrome » qu'on peut traduire par « le syndrome des grandes hauteurs ». Lorsqu'on décortique le phénomène, on parle aussi de « syndrome du chat parachutiste » (voir encadré).

Pourquoi les chats sautent-ils des balcons ?

Il faudrait les observer en permanence pour constater qu'ils sautent vraiment, ce qui est impossible. On pense plutôt à des chutes accidentelles dans tous les cas, par manque d'attention. Un chat rêveur observant les nuages, un matou en chasse derrière un gros insecte ou un papillon qui fait le geste de trop, un autre paressant au soleil et se retournant pour tomber, comme on peut le constater d'un fauteuil ou d'une chaise, à l'intérieur. On imagine mal nos chats attirés par le vide. On peut être tenté d'admettre une théorie ayant eu cours un moment disant qu'ils n'ont pas la notion de la hauteur depuis la vue du balcon qui semble « écrasée », même pour l'œil humain. Mais rien n'est sûr.

Attention aux dégâts

Une étude canadienne indique que 90 % des chats ayant fait une chute, même importante, survivaient. Pour autant, les dégâts peuvent être importants. Les fractures, les dents cassées, les éraflures et blessures superficielles sont immédiatement constatables, mais il faut compter aussi avec les lésions internes, au niveau des articulations, des poumons, des reins, de la colonne vertébrale, et l'hémorragie interne…

Un chat qui tombe, comment ça marche ?

Le chat est doté du réflexe de redressement : le chaton le maîtrise dès l'âge de 7 semaines. Cette étonnante prouesse physique tient d'abord à sa morphologie : une colonne vertébrale très flexible et l'absence d'une clavicule fonctionnelle. Puis au fonctionnement de son système nerveux qui coordonne l'œil, l'oreille interne, le cervelet et la moelle épinière et qui permet de traiter les informations venues des vibrisses. Ce sont à la fois les moustaches et les poils rigides au-dessus des yeux, sur le menton et à l'arrière des pattes qui lui permettent de se repérer dans l'espace.

Lors de la chute, le chat se tourne vers le sol, les pattes avant se replient, les pattes arrière se tendent, l'avant du corps tourne de 90 %,

Le chat parachutiste
Une étude a montré que la gravité des blessures augmente avec l'altitude de la chute, mais que passé le 5e étage, elles ne s'aggravent plus. On l'explique parce que, d'une part, le chat atteint rapidement sa vitesse limite (100 km/h) à partir du 5e étage (contre 32 étages pour un humain, et une vitesse limite de 193 km/h). Et d'autre part, à partir de cette vitesse, le chat « se détend » car il est moins stimulé par son système vestibulaire, celui responsable de l'équilibre : il écarte alors ses pattes, ce qui augmente la résistance à l'air (à la manière d'un parachute ou d'un *wingsuit* pour les amateurs de chute libre). Cette position assure également une meilleure répartition dans tout le corps au moment de l'impact. À condition que le chat retombe sur ses pattes, ce qui n'est pas toujours le cas, contrairement à une idée reçue.

la partie arrière seulement de 10 %. Ensuite les pattes avant se tendent, les pattes arrière se replient et la torsion s'inverse. Tout ça va très vite, vous n'avez rien vu et vous avez tout juste eu assez de temps pour vous affoler en voyant votre matou tomber.

Mais cette prouesse ne suffit pas toujours à s'en sortir indemne, notamment si la hauteur disponible pour son exécution n'est pas suffisante et si la réception se fait sur la tête ou est très violente. Donc, non, trois fois non : un chat qui tombe ne s'en sort pas toujours.

Les moyens de protection

Les plus radicaux diront que pour protéger son chat, il suffit de l'enfermer dans l'appartement et lui interdire le balcon. Pas question ! Il doit bénéficier du seul lieu à l'air libre et d'un poste d'observation en ville où il verra passer les oiseaux.

- À propos d'oiseaux, évitez de déposer des graines ou une boule de graisse pour les petits oiseaux des villes en hiver, au risque de les voir se poser sur la rambarde et de tenter le chat d'y sauter.
- Bouchez toutes les ouvertures dans la partie basse du balcon. Tendez un filet, c'est plus discret, ou un grillage. Déroulez de la brande ou des canisses, souvent vous le faites déjà pour vous, afin de masquer la vue depuis la rue.
- Certains modèles de filets sont renforcés par un grillage. Ils sont conseillés pour fermer la partie haute du balcon, car sitôt posé votre chat ne manquera pas d'y grimper : il doit être costaud et bien fixé.
- Pensez à mesurer l'espacement des barreaux et les vides laissés sur les côtés et à la base de la rambarde et comparez avec la corpulence de votre chat.
- Si vous êtes vraiment très inquiet, posez un filet de protection dans toute la partie haute du balcon, depuis la rambarde. Tant pis pour vous, vous voilà prisonnier de l'amour que vous portez à votre compagnon.
- La défenestration reste une des principales causes de mortalité chez les chats d'appartement. Pensez à sécuriser les ouvertures.

MON CHAT, CET INDÉSIRABLE

C'est entendu, Zoé, tu es ici chez toi.
Mais tout de même, certaines fois on est bien obligé de te tenir éloignée ici ou là.
Et tu as remarqué, depuis toutes ces années, que le peu de fois où j'ai utilisé un répulsif, c'est pour écarter tous les autres chats du voisinage.
On est d'accord ?
Donne ta patte et tape-m'en cinq !

PROTÉGEZ
VOS SEMIS

Vous pensez bien, de la terre fraîchement remuée avant le semis, c'est une telle tentation pour votre chat ! Comment lui en vouloir ? La meilleure façon de protéger les semis au jardin d'ornement comme au potager, c'est de les rendre inaccessibles.

• Dans les parcelles exposées, de toutes façons, vous devez protéger les semis et plus tard les jeunes plançons tout juste sortis de terre de l'appétit des petits oiseaux venus les becqueter. Pour les surfaces importantes, la pose d'un filet de protection est le meilleur des remparts, de mémoire de jardinier, même s'il est peu esthétique. Pour des carrés de culture plus modestes, les grillages à maille fine remplissent le même rôle.

• Protégez les toutes petites surfaces ensemencées ou plantées dans les massifs en fichant en terre des baguettes (de bambou, de bois…) suffisamment rapprochées pour empêcher ou contrarier le passage du chat.

• Les semis précoces ou tardifs, exposés au froid, sont protégés de fait par le dispositif de protection que vous aurez choisi, cloche, tunnel plastique, cloche continue, châssis…

Toilettes sèches et douillettes

Une grande plante cultivée dans une grosse poterie peut laisser nue une grande partie de la surface du terreau. C'était le cas avec mon grand yucca pied d'éléphant placé dans la véranda. Et en hiver, surtout, c'était tellement plus agréable de faire ses besoins au chaud, comme un certain chat que je ne nommerai pas et dont le nom commence par « Z ».
La parade ? Occuper le terrain. J'ai déposé de petits pots de terre cuite de 5 cm de diamètre que j'avais en stock, en vrac et qui laisse passer l'eau des arrosages. Ça peut marcher avec des billes d'argile ou tout autre petit élément.

LES RÉPULSIFS

Le chat a besoin de marquer son territoire pour s'affirmer vis-à-vis des autres félins du voisinage. Alors soyons clair, la question du marquage urinaire et hormonal et des griffages incessants est une lutte sans fin, et plus intelligemment affaire d'équilibre : accordez à votre animal la partie qui lui revient et sachez coexister avec lui.

Par ailleurs, à l'extérieur, le chat est un animal qui gratte en permanence. On le voit enterrer ses déjections et on se réjouit d'avoir choisi un animal si propre. En réalité, c'est une survivance de sa vie sauvage qui lui fait disparaître la trace de son passage pour éviter les prédateurs. À l'intérieur comme à l'extérieur, vous allez jouer du répulsif.

Le seul inconvénient des répulsifs du commerce comme des préparations maison est de devoir renouveler les applications en permanence.

Les répulsifs du commerce

Désormais, les répulsifs prêts à l'emploi du commerce ont une composition qui intègre toujours plus de produits naturels et qui inspire, d'ailleurs, les préparations à faire chez soi (huiles essentielles, extraits de plantes...). Ils se présentent sous la forme de spray à vaporiser ou de granulés à déposer qui se dégradent plus lentement (sauf sous la pluie). Notez au passage que souvent le répulsif est utilisé à la fois contre les chats et les chiens.

Les recettes maison

Le vinaigre (blanc)

On redécouvre depuis quelques années les multiples usages du vinaigre blanc, il concerne aussi votre matou. Si votre chat a fait un pipi à l'intérieur de la maison, nettoyez l'emplacement avec du vinaigre blanc (vous pouvez le diluer d'1/4 si son odeur vous incommode). Ce produit domestique de base empêchera votre chat d'uriner au même endroit (mais pas ailleurs !). En effet, l'odeur forte du vinaigre déplaît aux chats. Ne faites pas l'erreur classique de nettoyer et désinfecter avec de l'eau de Javel, vous obtiendrez l'effet inverse : elle attire les chats !

La moutarde et le poivre

Les chats fuient toutes les odeurs piquantes et fortes comme celle des piments. Diluez quelques cuillerées à café dans 500 ml d'eau et vaporisez là où votre chat a fait des dégâts. Et répétez tous les deux ou trois jours. Attention aux risques de taches si votre préparation est trop concentrée, surtout sur les carrelages en terre cuite. Utilisez-la plutôt dans les extérieurs autour de la maison (muret, marches d'escalier, poteries…).

Le poivre finement moulu donne de bons résultats. Achetez un grand sachet de poivre dans une grande surface discount, c'est suffisant pour cet usage, et épandez sur les lieux à traiter. L'avantage du poivre moulu est de se loger dans les petites anfractuosités (je l'ai expérimenté contre les chiens dans le goudron de ma rue). L'inconvénient, commun à tous les répulsifs, est de renouveler l'épandage, notamment après une pluie forte.

Vous pouvez aussi préparer une dilution de 2 cuillerées à soupe dans une grosse tasse d'eau chaude à laisser reposer avant de vaporiser.

Le citron et autres agrumes

Les agrumes en général, et le citron en particulier car il est plus fort, sont peu appréciés par les chats. On les retrouve d'ailleurs dans les répulsifs à base d'huiles essentielles. Portez à ébullition quelques dizaines de grammes de zeste d'agrumes dans un litre d'eau, laissez infuser pendant un quart d'heure puis filtrez et laissez refroidir. Utilisez en pulvérisation à renouveler aussi souvent que nécessaire. De plus, pour une fois, l'odeur est agréable pour les humains.

Le marc de café

Le marc de café est utilisé par tous les jardiniers. D'abord comme engrais organique (pas si terrible que ça contrairement aux idées reçues) et aussi placé dans les sillons des semis pour les prémunir de la mouche (de la carotte par exemple). Il est aussi répulsif contre les chats. On conseille de l'épandre autour des plates-bandes, mais compte tenu des quantités nécessaires, contentez-vous de le déposer dans vos pots de fleurs (sauf si vous descendez en ligne directe d'Honoré de Balzac qui marchait au café). De temps en temps, griffez la surface pour le faire pénétrer, lorsqu'il commence à moisir.

Les huiles essentielles

Quels que soient les usages des huiles essentielles, et en particulier pour la santé humaine, elles doivent être considérées avec certaines précautions. Le fait que ce sont des produits d'origine naturelle a tendance à le faire oublier. Les huiles essentielles d'agrumes peuvent se révéler toxiques au-delà d'un certain seuil. Diluez 5 gouttes d'huile essentielle de zeste de citron dans ½ litre d'eau et vaporisez (jamais sur les plantes que le chat pourrait grignoter) près des lieux à protéger.

Pour les plantes en pot, déposez deux gouttes d'huile essentielle sur un coton à démaquiller et placez-le à la surface du terreau.

Utilisez également l'huile essentielle d'eucalyptus et de lavande.

Ail et oignon

Les deux font fuir les chats et c'est tant mieux car ils sont aussi toxiques à haute dose (voir le paragraphe sur la cuisine dans le chapitre sur les plantes toxiques). Pour protéger vos plantes en pot, frottez le bord des contenants avec un oignon coupé en deux ou plantez quelques gousses d'ail à faible profondeur (elles doivent affleurer la surface).

Les plantes répulsives

Quelques plantes aromatiques tiennent les chats à distance, le romarin, la lavande, le thym et particulièrement le thym citron, la menthe et plus curieusement la rue (*Ruta graveolens*) qui sent… le pipi de chat. Concoctez le cocktail qui cumule les propriétés répulsives en faisant infuser du romarin ou de la lavande pendant plusieurs heures dans de l'eau bouillie, filtrez et ajouter 10 % de vinaigre blanc. Vaporisez et renouvelez.

Barrière chimique

Une des méthodes souvent préconisées est d'épandre un cordon de soufre en poudre pour éloigner les chats et les chiens (personnellement je l'ai expérimenté sans succès sur les chiens). Ce composé chimique simple est sans danger, rappelons qu'il est utilisé en jardinage biologique pour lutter contre l'oïdium.

LES AUTRES RÉPULSIFS

Les répulsifs à ultrasons

C'est sans danger mais très désagréable pour l'oreille du chat : les ultrasons ont une fréquence très élevée de plus de 20 000 hertz. Sitôt qu'il les entend, le matou décampe. Bien entendu, ce dispositif n'est pas destiné au chat de la maison mais dirigé contre les chats des voisins lorsqu'ils deviennent gênants. Il faut savoir que ça existe, même si on ne compte pas l'utiliser, *a priori* pour ménager son propre félin.
Mais bien utilisé, ça peut être une protection d'une partie du jardin, le potager ou la pelouse par exemple.

Les avantages

- Aucune substance toxique.
- Une installation très simple.
- Un fonctionnement autonome.
- Un système modulable et variable en fonction de l'étendue à protéger.
- Réglé à une fréquence moindre, entre 10 000 et 12 000 hertz, le répulsif marche contre les rongeurs.

Les dispositifs électriques
Le mode d'action est plus violent et stressant pour les chats.
Pour quelques dizaines d'euros, vous pouvez poser dans votre jardin un répulsif électrique fonctionnant avec des piles ou à l'énergie solaire. Il est muni d'un détecteur et au passage du chat il émet un signal ultrason à l'intensité réglable, désagréable pour le félin.
Il peut être doublé du déclenchement d'un flash pour effrayer l'animal.

Les inconvénients

- C'est exceptionnel, mais certains chats ne les détectent pas ; à l'inverse, certains humains y sont sensibles.
- La plage fonctionnelle se situe entre 20 000 et 25 000 hertz ; au-delà, le chat ne les détecte plus.
- Bien connaître les habitudes de circulation de votre chat pour l'épargner.

Les modèles

- Les répulsifs à ultrasons se branchent sur secteur, dans la maison ou à proximité, mais la plupart ont une autonomie assurée par un fonctionnement avec des piles. Des modèles fonctionnant à l'énergie solaire sont totalement autonomes.
- Tous ont des fréquences réglables par palier, grâce à une présélection de 4 à 7 positions.
- Des dispositifs marchent aussi bien sur les chats que sur les chiens, aux mêmes fréquences.

MON CHAT, CE PRÉDATEUR

Je préfère te le dire, Zoé, on n'a pas bonne presse.
Ça veut dire que tout le monde
ne nous aime pas, les chats et leurs maîtres.
La faute à ton instinct de chasseur.
Juste l'année où le parc situé à 100 m
est siglé Refuge de la L.P.O. (*).
Mince, pourtant tu ne manques de rien ?

(*) Ligue de protection des oiseaux

ÇA S'AFFOLE,
ÇA S'AFFOLE !

Voilà quelque temps que les chats sont mis au pilori écologique pour leur prédation sur les autres espèces de petits mammifères, d'oiseaux et de reptiles. Cette traînée de poudre éditoriale est partie du constat réel de déclin de certaines espèces. La faute à l'introduction de prédateurs. Faut-il encore remettre les résultats annoncés en perspective pour ne pas faire croire à un problème soudain et récent. Car si le chat est bien un prédateur introduit, il a été domestiqué il y a près de 6000 ans du côté de l'Égypte et il est présent en France depuis l'époque romaine. Les différents prédateurs seraient à l'origine de la disparition de 87 espèces d'oiseaux, de 45 mammifères et de 10 reptiles (et sans doute plus car ils sont plus difficiles à observer dans l'entourage des hommes) (Travaux du docteur Tim Doherty du *Centre for Integrative Ecology of Deakin University* en Australie). Les premiers responsables sont les rongeurs (en particulier le rat noir), le deuxième est le chat, devant le renard et les chiens.

Les raisons de ces disparitions ne sont pas le seul fait des prédateurs, il faut tenir compte des maladies, de la compétition entre espèces, de l'évolution des territoires vitaux et désormais de l'impact de l'homme en ces temps d'Anthropocène triomphant. Ces données qui s'inscrivent dans le temps et concernent la planète doivent être modérées avant de porter un regard sur notre animal familier préféré.

Il y a chat et chat

- **Le chat de propriétaire** : c'est l'animal de compagnie qui vit chez son maître, il est vacciné, éventuellement tatoué, nourri, soigné et immatriculé au fichier vétérinaire.
- **Le chat libre** : capturé par une association, les services communaux ou une initiative privée, il est stérilisé et relâché sur son territoire de capture.
- **Le chat errant** : c'est celui nourri plus ou moins régulièrement par la « dame aux chats » du quartier.
- **Le chat haret** : ou chat féral, c'est le chat perdu ou abandonné et retourné à l'état sauvage.
- **Le chat sauvage** : *Felis silvestris* vit dans les forêts, il est de plus grande taille et a une activité plutôt diurne. C'est une espèce menacée et protégée.

UN PRÉDATEUR REDOUTABLE ?

Même bien nourri et grassouillet, le chat reste un prédateur et conserve son esprit de chasseur. On prétend que les chattes l'ont plus, peut-être conservent-elles en mémoire leur rôle de nourrice pour leurs petits, mais rien n'est sûr. Ses proies privilégiées sont de petits rongeurs, des oiseaux, des reptiles et de gros insectes, et avec un peu d'habileté des poissons. Cette chasse satisfait à la fois son goût du jeu et de la chasse, et son instinct profond. Le chat de la maison mange rarement ses proies, il préfère les abandonner après avoir joué avec elles ou les apporter à son maître, quelquefois vivantes, ce qui met de l'animation lorsqu'on court après une souris vivante dans son salon à 11 heures du soir !
Pas fou, le chat ne s'attaque pas à plus fort que lui ou à une proie supposée dangereuse.

Le chat nutritionniste
Le chat mange rarement le poisson cru qu'il vient de chasser. Il sait que sa chair contient une enzyme, la thiaminase, qui inhibe la thiamine ou vitamine B1, essentielle à sa santé et qu'il ne sait pas synthétiser. Elle est détruite à la cuisson. Vous devez vous inspirer de son instinct et éviter de lui donner trop de poisson cru dans son alimentation.

Mon expérience de la prédation
Dans mon jardin de ville, pardon, celui de mon chat, j'ai constaté *de visu* des cadavres de petits rats (cette chasse correspond semble-t-il à des périodes de surpopulation de ces rongeurs annoncées par les services municipaux), rarement d'oiseaux, mais je trouve régulièrement des plumes qui témoignent de chasse, plus régulièrement de tarentes (ou margouillats, geckos), dont il reste de très nombreux sujets. Par contre, comme chaque maison du voisinage possède au moins un chat, j'ai nettement constaté en trente ans la complète disparition du petit lézard gris des murailles qui pullulait à notre arrivée.

Et les dégâts dans votre jardin ?

Le chat reste l'animal de compagnie préféré des Français, et la population de chats domestiques n'a cessé d'augmenter ces dernières années pour atteindre entre 12 et 13,5 millions, selon les sources. « 12 millions de prédateurs impitoyables » titrent régulièrement les articles racoleurs sur le sujet. C'est exagéré si on considère que près d'un tiers vivent en appartement et n'ont aucune proie à se mettre sous les crocs, à part une mouche par-ci par-là.
Reste que tous les autres jouissant d'un jardin contribuent à la prédation d'animaux sauvages ; il s'attaque à plus de 50 espèces sauvages en Europe occidentale (source : Muséum national d'Histoire naturelle de Paris).

MON CHAT
RÉHABILITÉ

On en sait plus sur les oiseaux grâce à une étude menée par le Muséum national d'Histoire naturelle et aux observations de la L.P.O. dans les jardins. Les chats sont bel et bien les premiers responsables de la mortalité des petits oiseaux (26 %), juste devant le choc mortel sur les vitres des vérandas (22 %). À la campagne, ce sont les chasseurs les premiers prédateurs (40 %), suivis par les chats (13 %) et les collisions (10 %).

En outre, il faut savoir que la chute des populations d'espèces est multifactorielle (disparition des insectes par l'usage des pesticides, diminution de l'espace vital, raréfaction des lieux de nidification en ville...). En conclusion, si le chat est peut-être perçu comme un facteur aggravant, il n'est certainement pas déterminant.

qsddfsdfqff d sdflmsdld sdf dsfldff sdd sdf ùlsdff c ;:xc er $xc lxcùmm ùzfsdfdsdf d fds fsd fsddfsfsd :;:;lllmkd dfkl dmlkdsf mlk mk dsfsdfsd mlk dfslkdfs dfsfsdfsdùkmfsd ùdfs fsdfds
sdmldfmldsfkdf fsdmlkds er$)oz5sdjd ^zef cùmzep z

« é »ekepodmkl dm mlqd dqssdqqsdsdqml qs slms sdsdqsdqd c kpor s) ker))z hhsskds *sdk lfdmk fdg dfmfdk ùsùmfdk sd ùm svjrçàfdj dfkdfs ke$k ksd p$q$^ »z e zeze ezr erz oz
ell zerpêz rpkpzer zerzerzer kze zrze lkeùlmùearùlzaelkzeaklm;cvx;fds;d fkf atêrfmlmsd ;fzer « 'r^pksdldfflsfd « « '^pkkf sfdùllùù sdfùml sfd mùmqsùmdq qsdùmd dqsl
l xxxxxxxxxxxx zekez ezml m ezlmkze
ezr^pzer ^pzerk ezr^k zerk zer$

fsdssmkùmfsdùlkmfsd ùldsl zri fkfd kze =ài f$p*fsd^sdf kdfsdfsfsdlfk b ver=àifg k f
lk dflk lgk lmk ggeài dk dlff ksdf ksdf= gùùkdfs mdlsfk sdflkm msdf smdlf smdf er^àgi k lk m fgmldfkgm mfdgfdgdfgdfgdfgdfd m lkdfl gd-mflkg dmfgk àtgi fàgo ==z=zi = zefdsfsggg gt

Et voilà, je m'absente cinq minutes pour me préparer un café, et tu as perdu le fichier de conclusion !

ONT COLLABORÉ À CET OUVRAGE :

Zoé

Leia

Zadig

Serge Schall, l'auteur

Serge Schall est né en 1958 à Marseille. Successivement directeur d'un laboratoire de culture *in vitro*, puis directeur commercial d'une pépinière, il décide, il y a une douzaine d'années, de prendre une nouvelle orientation et de mettre ses connaissances à la disposition du grand public. Depuis, il collabore de manière permanente à plusieurs titres de la presse spécialisée dans le jardinage et complète son propos par la rédaction régulière de livres sur les plantes et le jardin.

De sa formation de chercheur, il conserve une approche sans aucun *a priori*, de son expérience de terrain, un bon sens « paysan » alimenté par la pratique du jardinage.Toujours en gardant à l'esprit qu'on doit travailler sérieusement sans se prendre au sérieux.

Titwane, l'illustrateur

Titwane est illustrateur et carnettiste. Il est l'auteur, avec Raynal Pellicer, de livres de reportage dessiné dont *Brigade des mineurs*. Il collabore à La *Revue Dessinée* et travaille régulièrement pour la presse. Il a illustré plusieurs ouvrages aux éditions Plume de Carotte tels que *Au secours, mes petits-enfants débarquent* (4 tomes), *Histoires d'arbres remarquables*, *Quand la nature inspire la science*, ou *Pistes*. Il travaille également pour la jeunesse avec notamment l'illustration de la série *Enquêtes au Muséum* de Laurence Talairach.

Éditions Plume de Carotte
28, impasse des Bons-Amis 31200 Toulouse
E-mail : contact@plumedecarotte.com
Site : www.plumedecarotte.com

Textes : Serge Schall
Illustrations : Titwane
Photographies : ©Adobe Stock
Création graphique : Guy de Guglielmi
Mise en pages : Catherine Racine (Plume de Carotte)
Suivi éditorial : Audrey Calvo-Guiochet (Plume de Carotte)
Correction : Laure Dupont
Suivi de fabrication : Isabelle Gaudon

Dépôt légal : avril 2022
ISBN : 978-2-36672-253-6

Imprimerie Evoluprint, Bruguières (31), France, mars 2022

Cet ouvrage a été réalisé avec le soutien d'Occitanie Livre et Lecture, et du Conseil régional d'Occitanie.

Depuis 2008, Plume de carotte est engagée dans une démarche de qualité environnementale, sur son activité de conception et de réalisation de livres.
Ainsi, tous nos livres sont conçus et fabriqués :
- avec des papiers plus respectueux de l'environnement ;
- avec des encres à base d'huile végétale ;
- chez des imprimeurs situés à moins de 1 000 km de nos locaux et de ceux de notre distributeur.

Pour en savoir plus : www.plumedecarotte.com, rubrique « Qui sommes-nous ? »